Analiza książki

Władca much

· · · · · · · · · · · · · · · ·

William Golding

ANALIZA KSIĄŻKI

Napisany przez Florence Hellin
Przetłumaczony przez Kâmil Kowalski

Władca much

· ·

WILLIAM GOLDING

WILLIAM GOLDING

PISARZ BRYTYJSKI

- **Urodzony w St Columb Minor (Kornwalia) w 1911 r.**

- **Zmarł w Falmouth w 1993 r.**

- **Godne uwagi prace:**

  - *Władca much* (1954), powieść

  - *The Inheritors* (1955), powieść

  - *Free Fall* (1959), powieść

William Golding (1911-1993) był brytyjskim pisarzem. Studiował literaturę angielską na Uniwersytecie Oksfordzkim, po czym pracował w teatrze jako aktor, autor i producent. Później został profesorem języka angielskiego i filozofii.

W 1940 roku został wcielony do marynarki wojennej i uczestniczył w lądowaniu na wybrzeżu Normandii. To doświadczenie głęboko wpłynęło na jego wizję ludzkości. Jego twórczość jest w konsekwencji naznaczona głębokim pesymizmem i stara się pokazać nieodwracalny upadek człowieka i triumf zła.

W latach sześćdziesiątych przeszedł na emeryturę nauczycielską i poświęcił się literaturze. W 1983 roku otrzymał literacką Nagrodę Nobla.

WŁADCA MUCH

ALEGORIA WALKI CYWILIZACJI Z BARBARZYŃSTWEM

- **Gatunek**: powieść

- **Wydanie referencyjne:** Golding, W. (1954) *Lord of the Flies.* New York: Berkley Publishing Group.

- **Pierwsze wydanie**: 1954

- **Tematyka**: grupy społeczne, okrucieństwo, szaleństwo, władza, strach, przetrwanie

Władca much to powieść wydana w 1954 roku po kilku odmowach ze strony wydawców. Pomimo początkowo słabej sprzedaży, książka stała się bestsellerem i jest obecnie włączona do programu nauczania wielu szkół.

Powieść opowiada o przygodach grupy dzieci, które trafiają samotnie na bezludną wyspę po katastrofie lotniczej, w której giną wszyscy dorośli. Bardzo szybko dzieci organizują się, próbując odtworzyć znane im wzorce społeczne, ale napięcia w grupie prowadzą do wzajemnego rozdarcia. *Władca much to* utwór alegoryczny, ukazujący kruchość cywilizacji i naturalną skłonność człowieka do popadania w okrucieństwo i barbarzyństwo.

STRESZCZENIE

ORGANIZACJA NA WYSPIE

Na początku wojny atomowej na odległej wyspie rozbija się samolot. Wszyscy dorośli zostają zabici. Dwoje dzieci, Ralph i Piggy, znajdują na plaży konchę, muszlę, która wytwarza ogłuszający i potężny dźwięk, gdy się w nią dmucha. Używają jej, by zebrać ocalałych. Dziesiątki dzieci rozrzuconych po wyspie odpowiadają na wezwanie i gromadzą się wokół Ralpha. Dołącza do nich grupa uczniów, której szefem jest chłopiec o imieniu Jack Merridew.

Aby zorganizować codzienne życie na wyspie, dzieci potrzebują przywódcy i dlatego przeprowadzają głosowanie. Wybierają go Ralph i Jack, a Ralph zostaje wybrany ze względu na fascynację, jaką wzbudza wśród innych dzieci. Wprowadza on system, który gwarantuje każdemu możliwość wypowiedzenia się: prawo głosu ma tylko ten, kto ma konchę w ręku. W geście przyjaźni chłopiec pozostawia przywództwo nad chórem dzieci Jackowi, który postanawia stworzyć grupę myśliwską. Pasjonuje się tym zajęciem i uważa, że las, który wydaje im się przytulny, w rzeczywistości jest przerażający. Ralph postanawia również rozpalić ognisko na szczycie wyspy, aby mieli szansę zostać zauważeni i uratowani. Jego nadzór powierza Jackowi i jego chórowi.

Następnie rozpoczyna się instalacja na wyspie. Budowane są szałasy, które mają zapewnić dzieciom minimum komfortu.

Zadanie to nie jest jednak pozbawione trudności dla Ralpha, ponieważ jako jedyny jest w pełni zaangażowany w projekt.

Podczas spotkania Ralph zauważa, że jego towarzysze, którzy wcześniej byli szczęśliwi, wydają się być przestraszeni. Jack interweniuje i obwinia młodszych za ich koszmary. Niektórzy dzielą się swoimi lękami: jeden twierdzi, że widział bestię wychodzącą z oceanu, inni przywołują istnienie duchów. Napięcie rośnie do tego stopnia, że dochodzi do bójki między dwójką dzieci: Jack zarzuca Ralphowi, że nie jest dobrym przywódcą. Ralph chce opuścić swoje stanowisko, ale Piggy przekonuje go, aby nie, ponieważ boi się Jacka.

Pewnego dnia, gdy Jack idzie ze swoją grupą na polowanie, Ralph i Piggy widzą w oddali dym z łodzi. Niestety, ognisko na wyspie zgasło, co bardzo złości przywódcę. Kiedy myśliwi wracają z połowem, radości Jacka przeciwstawia się milczenie Ralpha, który nie może mu wybaczyć, że pozwolił zgasić ogień. Dwaj liderzy patrzą na siebie pogardliwie, ale Jack wybiera na Piggy zamiast, jak próbuje interweniować, i łamie okulary. Link między dwoma przyjaciółmi jest teraz złamany.

POTWÓR NA WYSPIE

Gdy dzieci śpią, rozlega się strzał: samolot eksplodował, a spadochroniarz uciekł. Tylko Eric i Sam, bliźniacy, widzieli coś, gdy obserwowali ogień. Zrozpaczeni wracają do obozu i organizują wyprawę. Po drodze oddział natyka się na dzika, którego udaje się dotknąć Ralphowi. Odurzone, dzieci rozpoczynają taniec i angażują się w symulowaną ofiarę na jednym z nich.

Stopniowo wśród dzieci rozchodzi się plotka, że na wyspie jest potwór, podczas gdy nie ma nic poza pozbawionym życia ciałem spadochroniarza. Zapada więc decyzja, że wyruszą na poszukiwania, aby uspokoić lęki młodszych. Jack sprzeciwia się Ralphowi i Robertowi i dołącza do nich w tropieniu bestii. Jednak na widok niewyraźnego kształtu, który staje się coraz większy, chłopcy uciekają. Dlatego Jack kwestionuje cechy Ralpha i prosi dzieci o wybór strony. W wahaniu nikt nie robi tego, co mu poleca. Upokorzony Jack odchodzi.

Z myśliwymi, Jack organizuje swój własny klan i sugeruje, aby złożyć ofiarę potworowi: wbija głowę maciory na kołku. Szymon, który uczestniczy w tej scenie, jest zaniepokojony głową świni i rojem much wokół niej. W szale wierzy, że locha to Władca Much, demoniczna siła, która zwraca się do niego. Później, po powrocie do zmysłów, odkrywa prawdę o rzeko-mym potworze i postanawia ostrzec innych o swoim odkryciu.

W końcu większość dzieci staje po stronie Jacka. W jego twierdzy panuje terror: on i Roger uciekają się do upokorzeń i tortur. Co do Ralpha i Piggy'ego, są zaniepokojeni i również udają się do obozu Jacka. Grupa rozpoczyna plemienny taniec i Ralph niechętnie przyłącza się do niego. Ale postać, którą uważają za potwora, przerywa krąg. Dzieci, nieokieł-znane, uderzają w nią przemocą. Nie rozpoznały Simona, który umiera od ich pobicia, a który przyszedł im wyjaśnić, że potwór to nikt inny jak spadochroniarz. Ralph uznaje jego śmierć za morderstwo, a nie wypadek. W związku z tym wraca do swojej chatki ze Świnką.

Tam słyszą głos szepczący imię Piggy'ego. Następuje walka, ale napastnicy uciekają, zabierając ze sobą okulary Piggy'ego. Ralph, przekonany, że ten atak spowodował Jack, udaje się do jego obozu wraz z Piggym, Ericiem i Samem. Pojedynek między przywódcami jest brutalny: walczą oni włóczniami. Bliźniacy, Eric i Sam, zostają związani i zabrani. Piggy, wyposażony w konchę, prosi o głos i próbuje uspokoić duchy. Ukryty Roger balansuje dźwignią, która utrzymuje ogromny kamień. Toczy się on w dół zbocza i uderza z pełną siłą w chłopca: rozbija się piętnaście metrów poniżej, martwy. Ralph, ciężko ranny przez Jacka, ucieka. Udaje się do lasu i udaje mu się podejść do Sama i Erica, którzy są teraz na usługach Jacka. Bliźniacy radzą mu uciekać, ponieważ na następny dzień zaplanowana jest jazda, która ma go odnaleźć.

Chłopiec jest ścigany. Jack, aby wydobyć uciekiniera z gęstwin, podpala las. Zagrożony ogniem i dzikością innych dzieci, Ralph wychodzi z ukrycia. Następnie upada na plaży przed oficerem, którego zaalarmował ogień, który wypełnił całą wyspę i zakotwiczył jego łódź. Dzieci gromadzą się wokół w szoku. Po krótkiej chwili wahania wybuchają płaczem na oczach osłupiałych dorosłych.

STUDIUM POSTACI

RALPH

Ralph jest jednym z najstarszych dzieci na wyspie. Zostaje wybrany na przywódcę w wyniku głosowania nie ze względu na swoje szczególnie bohaterskie czyny, ale z powodu swojej charyzmy. Jest doskonałym mówcą i wie, kiedy mówić i co mówić, aby uspokoić zaniepokojone umysły dzieci.

Jako wódz podejmuje kluczowe dla prawidłowego funkcjonowania grupy decyzje: dba o to, by pojawił się ogień do emitowania sygnałów dymnych, używa muszli jako środka wyrazu, rozpoczyna budowę szałasów, powierza Jackowi polowanie itp. Ralph zawsze pamięta o tym, kim on i inne dzieci byli przed wylądowaniem na wyspie, czyli dobrymi angielskimi uczniami. Ta pamięć pozwala mu zachować to, co pozostało im z cywilizacji i nie oddawać się dekadencji.

Bohater ten traci jednak wpływ na pozostałe dzieci wraz ze wzrostem władzy Jacka. Temu osłabieniu prestiżu towarzyszy kurczenie się jego cech przywódczych: często zapomina o powodach swoich działań i musi polegać na pomocy Piggy'ego. W tych chwilach słabości jego biegłość i duch przywódczy zostają całkowicie unicestwione ("He paused lamely as the curtain flickered in his brain", rozdział 11). Jego genialny umysł nie jest w stanie całkowicie oprzeć się dzikości, która opanowała pozostałych uczniów.

Ralph występuje jako przedstawiciel porządku, cywilizacji i pozytywnej siły, skupionej na wspólnym dobru. Polując na swojego dawnego przywódcę, dzieci odrzucają jakąkolwiek formę moralności czy odpowiedzialności wobec społeczeństwa.

JACK MERRIDEW

Jack Merridew jest również jednym z najstarszych na wyspie, obok Ralpha. To on stoi na czele grupy chóralnej. Jest naturalnym przywódcą, pociąga go władza, bez której nie może się obejść. Jest też wściekły, że nie został wybrany na miejsce Ralpha, a jego żądza władzy jest tak wielka, że opuszcza obóz rywali, by stworzyć własny. Ponadto jego pasją jest polowanie: fascynuje go siła, jaką czuje podczas tropienia i zabijania. To pragnienie dominacji rośnie i staje się coraz bardziej irracjonalne, do tego stopnia, że zastępuje zwykłe polowanie na świnie polowaniem na człowieka, czyli na Ralpha.

Jack jest antytezą Ralpha, z którym łączy go jednak pewna charyzma. Jego sposób organizacji, mniej zobowiązujący niż Ralpha, jest bardziej atrakcyjny dla małych dzieci, które żyją chwilą. Ale jego władza jest gwałtowna, brutalna i oparta na zaspokojeniu najbardziej prymitywnych instynktów. Opiera się na strachu, upokorzeniu i torturach.

Jack reprezentuje najgorsze aspekty ludzkich zachowań, które nie kontrolowane i nie temperowane przez zasady cywilizacji prowadzą do dzikości.

PIGGY

Piggy, którego prawdziwe imię nigdy nie jest ujawnione, reprezentuje trzecią siłę po Ralphie i Jacku. Chociaż posiada inteligencję i zdolność do refleksji, której nie posiadają pozostali, to jednak jego krępa budowa ciała i astmatyczna kruchość uniemożliwiają mu bycie wysłuchanym i narzucenie się innym. Biorąc pod uwagę, że nie jest w stanie obsadzić najwyższej rangi, staje się prawą ręką Ralpha. Mimo to odgrywa kluczową rolę w organizacji grupy: bez niego i jego okularów pożar nie byłby możliwy.

Ponadto wykazuje się racjonalnością, gdy dzieci dają się przekonać do strachu spowodowanego niewiedzą, np. gdy zaprzecza istnieniu duchów. Jego ostatnia interwencja jest ostatnią próbą odwołania się do rozumu i porządku. Jednak jego tragiczna śmierć i zniszczenie muszli kładą kres wszelkim szansom na powrót do cywilizacji. Zejście w dzikość jest już nie do naprawienia.

SIMON

Szymon jest cichym i spokojnym dzieckiem, często wyśmiewanym przez innych za swój zdystansowany i marzycielski charakter. W kontakcie z naturą, lubi samotne spacery po lesie, podczas których doznaje niezwykłych wrażeń.

Czuje głęboką awersję do głowy maciory, Władcy Much, która jest znakiem barbarzyńskim, do tego stopnia, że ma halucynacje.

Zostaje zabity podczas plemiennej ceremonii, na ołtarzu przesądów, gdy przychodzi wygłosić prawdę i przywrócić mądrość w ich umysłach. Jego śmierć oznacza koniec niewinności dzieci.

ROGER

Roger jest zastępcą Jacka podczas zakładania nowego obozu. Kiedy zrozumie, że wszelkie próby cywilizacji są daremne, on pobłaża swoim najgorszym instynktom: zabija Piggy i terroryzuje inne dzieci poprzez upokorzenie i tortury.

Reprezentuje on nieludzkie okrucieństwo i przyjemność z zadawania bólu lub zabijania. W tej jednej postaci spotykają się najstraszniejsze aspekty człowieka.

ANALIZA

PESYMISTYCZNY POGLĄD NA LUDZKOŚĆ

William Golding jest moralistą, który używa alegorii i metafory, aby namalować upadek człowieka i triumf zła. *Lord of the Flies* jest rzeczywiście alegorią walki, która może nastąpić między cywilizacją i barbarzyństwem. Powieść jest usiana napięciami między duchem grupy a indywidualnością, między racjonalnymi a emocjonalnymi reakcjami, a nawet między moralnością a niemoralnością.

Tę opozycję symbolizują konflikty między obozami Ralpha i Jacka:

- Ralph reprezentuje cywilizację. Od początku jego pierwsze działania jako przywódcy mają na celu stworzenie pewnego porządku wśród dzieci i zbudowanie stabilnego społeczeństwa na wyspie. Mowa i słuchanie są gwarantowane przez muszlę. Piggy wnosi do grupy inteligencję i refleksję, która jest podstawą całej ludzkiej kultury;

- Jack symbolizuje dzikość i niekontrolowaną chęć dominacji i władzy. Budowane przez niego społeczeństwo jest przyjemne i nie opiera się na żadnych demokratycznych zasadach. Dlatego jedynym sposobem na kontrolowanie swojej grupy jest stosowanie strachu, przemocy i upokorzenia.

Z dala od świata dorosłych i jego reguł, dzieci łamią wszelkie granice wyznaczone przez edukację, oddając się brutalności i swoim pierwotnym instynktom. Mimo młodego wieku nie są niewinne: przemoc i zło są w nich jak w każdym. Wystarczy dystans do kodeksów moralnych, by popaść w dzikość.

Golding ma niezwykle twarde spojrzenie na ludzką naturę: cywilizacja to konstrukcja, która wisi na włosku, a człowiek, przemierzany przez dobro i zło, może ulec tylko temu drugiemu.

SILNY ŁADUNEK SYMBOLICZNY

Kilka elementów opowieści ma charakter symboliczny:

- Muszla. Znaleziona przez Ralpha i Piggy'ego, pozwala im zebrać wszystkie dzieci rozrzucone po wyspie po wypadku. Ralph rozumie jej moc i czyni z niej pierwotny przedmiot w codziennym życiu obozu: muszla zwołuje zebrania i tylko dziecko, które ma ją w ręku, ma prawo zabrać głos. Dzięki niej każdy może się wypowiedzieć i zostać wysłuchanym. Jest więc symbolem demokracji, grzeczności i porządku w grupie. Im bardziej dzieci popadają w dzikość, tym mniejszy wpływ ma muszla. Jej zniszczenie podczas upadku kamienia oznacza koniec tolerancji i początek barbarzyństwa;

- Bestia. Istnienie bestii zostaje po raz pierwszy podniesione przez jedno z dzieci. Bestia ta przybiera kilka postaci: na początku jest to wąż, potem potwór morski, a w końcu "pływająca postać" (spadochron). Aby odpędzić strach, mieszkańcy wyspy składają jej ofiary i uważają za nowe bóstwo. Tylko Simon zdaje sobie sprawę, że bestia przeraża ich wszystkich, bo jest w każdym z nich: im większa dzikość chłopców, tym silniejszy ich strach i tym bardziej potwór wydaje się realny;

- Władca Much. Jest to głowa maciory, którą Jack wbija na kołek jako ofiarę dla bestii. Zwierzę, o kochającej i niewinnej twarzy przed zabiciem, staje się krwawym i mrocznym obrazem. Zmiana ta symbolizuje przemianę, jaką przeszedł Jack i inni podczas pobytu na wyspie. Władca Much staje się uosobieniem zła. Jego nazwa jest tym bardziej symboliczna, że Belzebub (starożytny demon) oznacza po hebrajsku "władcę much";

- Okulary Piggy'ego. Stanowią one podwójny symbol: nie tylko reprezentują wiedzę, kulturę i naukę, ale także klucz do opanowania ognia, tak istotny w dziejach ludzkości.

REAKCJA NA POWIEŚCI PRZYGODOWE

Władca much jest odpowiedzią na powieści przygodowe, zwłaszcza *Robinsona Crusoe* (1719) Daniela Defoe i *Wyspę koralową* (1857) Ballantyne'a, które opowiadają o przygodach w nieznanych krainach. Golding zapożycza od Ballantyne'a motyw bezludnej wyspy zamieszkanej przez dzieci, ale podchodzi do tematu inaczej.

Narracja autora zaczyna się jak prosta historia przygodowa: dzieci trafiają do ziemskiego raju i żyją w harmonii otoczone cudami natury. Szczęście to jest jednak krótkotrwałe: wyspa okazuje się niepokojąca i skrywa mroczne tajemnice. O ile Robinsonowi, bohaterowi Defoe, udaje się stawić czoła dzikiej naturze, pozostając jednocześnie cywilizowanym, o tyle w przypadku dzieci z *Władcy much* nie jest to możliwe, gdyż zapominają one o swojej wykształconej naturze.

Ten gatunek opowieści przygodowej opiera się na manichejskim spojrzeniu na świat, w którym dobro i zło ścierają się, podobnie jak w twórczości Goldinga. Jednak ci, którzy wygrywają walkę, nie są tacy sami. W powieściach przygodowych dobro triumfuje, a wartości cywilizacji zachodniej zostają zachowane, natomiast w powieści Goldinga to ciemna strona człowieka zwycięża w uniwersum pozbawionym moralności.

DALSZA REFLEKSJA

KILKA PYTAŃ DO PRZEMYŚLENIA...

* Co reprezentują odpowiednio Ralph i Jack?

* W jakim sensie można powiedzieć, że *Władca much* jest metaforą?

* Czy uważasz, że dzieci są niewinne? Wyjaśnij swoją odpowiedź.

* Czy Golding poprzez swoją powieść rozwija optymistyczny czy pesymistyczny pogląd na kondycję ludzką?

* Wyjaśnij symboliczne znaczenie muszli i okularów.

* Używając własnych słów i odwołując się do książki, wyjaśnij demokrację.

* Jakie podobieństwa i różnice występują między *Władcą much* a innymi powieściami przygodowymi?

* Czy znasz inne historie, których bohaterami są rozbitkowie na bezludnej wyspie? Porównaj je z twórczością Goldinga.

* Twoim zdaniem, dlaczego ta powieść jest powszechnie czytana w szkołach?

* Czy uważasz, że jest to dzieło realistyczne? Wyjaśnij swoją odpowiedź.

DALSZE CZYTANIE

WYDANIE REFERENCYJNE

Golding, W. (1954) *Lord of the Flies.* New York: Berkley Publishing Group.

ADAPTACJE

Władca much (Lord of the Flies) (1963) [Film]. Peter Brook. Dir. UK: Two Arts Ltd.

Władca much (Lord of the Flies) (1990) [Film]. Harry Hook. Dir. USA: Castle Rock Entertainment.

Alone. [Komiks]. przez Vehlmann i Gazotti. 5 tomów: Dupuis.

Chcemy usłyszeć od Ciebie, co się dzieje!
Zostaw komentarz na temat swojej internetowej biblioteki
i podziel się swoimi ulubionymi książkami w mediach społecznościowych!

www.50minutes.com

Master ISBN: 9782808694094
Papierowy ISBN: 9782808615495
Depozyt prawny: D/2023/12603/1829

Verhaal: © Primento

Projekt cyfrowy: Primento, cyfrowy partner wydawców.